Gerd Dudenhöffer
liest
DUDENHÖFFER

Gerd Dudenhöffer

liest

DUDENHÖFFER

In Anbetracht der Tatsache, dass … und man muss es ja, um es so zu sehen, wie es allgemein gesehen wird … in der Hinsicht und ich bin davon überzeugt, dass jeder … das heißt, zumindest derjenige, der … um mich konkret zu äußern, diesen Sachverhalt und wer kennt ihn nicht … dass, um darauf zurückzukommen, dass also derjenige, der … Ich muss vielleicht noch Folgendes sagen.

Man kann, wie sich gezeigt hat, und es wird, wenn sich nichts ändert … und es hat sich ja in den letzten Tagen, Wochen, Monaten …, ja, Jahren nichts, um nicht zu sagen, einiges verändert …

Man kann …, um den letzten Punkt nochmals aufzugreifen … Man kann …, das heißt, man könnte … aber das würde, und jeder gäbe mir recht, wenn die Dinge so gesehen werden … und man wird sie so sehen müssen, davon bin ich, um mich unmissverständlich auszudrücken und ohne den Tatsachen aus dem Wege gehen zu wollen …, was ich ja nicht will, nicht kann … und … nicht darf, davon bin ich überzeugt.

Um aber nun auf die Frage zurückzukommen, die ja, um es einfach zu sagen und ohne dabei irgendeinen Hintergedanken zu haben … und wie die Entwicklung zurzeit beweist …, meine ich und das war ja die Frage …

Oder um es anders zu sagen … Man kann doch nicht verlangen, dass all das, was vor langer Zeit auf den Weg gebracht, um nicht zu sagen, in den Weg gestellt wurde … Dass all das in kurzer Zeit … nicht getan wird.

Danken Sie mir.

Guten Abend, meine Damen und Herren.

Ich begrüße Sie zur heutigen Lesung. Der eben vorgetragene Text hat den Titel »Das Statement«. Als Übersetzung des Titels ein Zweizeiler:

Was ist eigentlich ein Statement?
Erst mal hör'n, was Fred mennt.

Einer der am häufigsten unterdrückten Reflexe ist der – Lachreflex.

Entweder aus Unsicherheit, oder aus täglichen gesellschaftlichen Zwängen, oder sonst irgendeiner anderen Infektion …

Ähnlich wie beim Nies-Reflex. Sie kennen das? Wenn der ganze Druck des Niesens in die Nebenhöhlen gepresst wird. Ist nicht gesund.

Was ich damit sagen will:

Nicht, dass Sie morgen gefragt werden:

Wo waren Sie denn gestern Abend …?

– Ja wir waren bei einer Lesung …

Sie müssen ja nicht sagen, dass Sie bei mir waren. Ich werde auch nicht sagen, dass ich Sie getroffen habe …

- *Eine Lesung …? Und wie war's?*
- *Och, das meiste haben wir in die Nebenhöhlen gelacht …*

ACH, WAS HABEN WIR GELACHT

Ach, was haben wir gelacht,
als wir das Grab von Mutter zugemacht.
Was hatte sie uns hinterlassen,
Aktien, Geld in vollen Kassen.
Später, beim Notar vereint,
saßen wir bestürzt, verweint.
Uns drückten plötzlich schwere Sorgen,
das Geld war nur geborgen.

Wir stellen uns jetzt, jedenfalls für heute Abend, zum letzten Mal die Frage:

Kann man lachen? Darf man lachen? Muss man lachen? …

Das entscheiden Sie jetzt bitte selbst … Sie sind jetzt alt genug.

Nach dem Motto:

Zivilcourage ist besser als militärischer *Einsatz.*

WORAN

Woran hat der Delinquent
die ganze Zeit gedacht?
Als über ihm, auf dem Schafott
das Beil auf ihn herunterkracht.
Er wusste es nur kurze Zeit,
sein Leben war vergangen.
Ihm war im Sekunden-Takt
das Beil durch den Kopf gegangen.

DARF MAN LACHEN

Darf man denn lachen,
wenn zwei Menschen Liebe machen?
So wie hier, auf diesem Bild,
wie sein Bauch als Wölbung quillt …
Sieh nicht hin. Du wirst nur wild.
Das ist ein Spiegel … und kein Bild.

DER BLITZ

Versuch, den Blitz zu deinem Freund zu machen,
er wird dich niederschmettern ohne Gnad,
um hochzufahren hinter schwarze Wolken.
Wenn die Besinnung deinen Körper weckt,
rast er zurück und packt dich bei den Händen,
zum Tanz. Doch, wie es ihm gefällt.
Er reißt dich hoch … Wirst aufgebläht im Wind,
wie große Segeltücher.
Dein längst schon toter Körper
hallt dumpf im stillen Staub.
Tausend Kugelblitze durchwühlen dich,
als wollten sie in Hast aus deiner Hülle fliehn.
So bleibt dir nur der Schlaf in Sarges Bretter.
Hoch über dir zieht friedlich Blau.
Donnerwetter.

DER URKNALL

Auf engstem Raume konzentriert,
Materie zusammenbleibt.
Dann mit dem Urknall explodiert,
das Weltall auseinandertreibt.

Gesetze werden inszeniert,
das Chaos hat sich jäh gebeugt.
Die ersten Brocken sind platziert,
das Universum war gezeugt.

War's Zufall oder and're Werte,
die kosmisch haben dies gelenkt?
Doch so entstand auch uns're Erde …
Jo, das hann ich mir gedenkt.

DIE ARCHE

Nächtelang hat es geregnet,
hab den Plan der Arche in der Hand.
Für das Höhere bin ich gesegnet,
unter mir ertrinkt das Land.

Jed' Geschöpf ist mitgebracht,
folg in Demut Gottes Stimme.
Auch an dich hab ich gedacht.
Ich hoffe nur, kannscht schwimme.

UND DANN?

Dann sitzen wir auf einer Wolkenbank,
genießen Wein aus Engelstränen.
Und Schwanenschwingen, die um uns gerankt,
beflügeln, uns im Paradies zu wähnen.

Die Süße deiner zeitlos' Liebe
mein Herz erfüllt mit Rosenduft.
Dein Wesen zart, wie Blütentriebe,
der laue Wind dein' Namen ruft.

Die goldnen Becher, die wir halten,
mit Glück gefüllt, sind randhoch voll.
Die Unzertrennlichkeit soll uns verwalten …
Selbst Amor seufzt:
Ach, wie geschwoll.

Die nächsten drei Texte behandeln auf sehr unterschiedliche Weise das Thema »Der Weg«.

Einmal ist es der Weg als Lebensabschnitt.

Dann ist es der Weg zum Paradies, in unserer sicherlich sehr unterschiedlichen Vorstellung.

Und der dritte Weg, über den ich Ihnen etwas vorlese, ist die Reise mit einem Riesenrad ins phantastisch Ungewisse …

DER WEG

Hand in Hand dem Land entgegen,
das für sie die Sonne fängt.
Tränen sind der Seele Regen,
wenn der Schmerz das Herz verbrennt.
Stürme peitschten sie auf falsche Wege,
trieben sie zum Klippenrand.
Über wach geträumte Stege,
suchten sie das ferne Land.

Einer wird es nicht erreichen,
dieser Preis war beiden klar,
fest im Herz ihr Lebenszeichen,
Hand in Hand und unsichtbar.
Alle Stege sind zu Ende.
Jede Straße wird zur Zeit.
Fest umschlossen, beide Hände,
jenes Land ist viel zu weit.

Beide wollten es erreichen,
über Stege in das Glück.
Fest im Herz ihr Lebenszeichen,
gingen sie den Weg zurück.
Hand in Hand dem Land entgegen,
das für sie das Mondlicht fängt.

VOR DEM PARADIES

Wenn ich einmal tot bin, dann habe ich meine schöne Uhr nicht mehr. Und wenn ich einmal tot bin, habe ich kein großes Haus mehr. Und wenn ich tot bin, habe ich mein teures Auto nicht mehr. Und wenn ich dann auch mein kleines Telefon nicht mehr habe, dann weiß ich, ich bin tot.

Und dann werde ich vor dem Paradies stehen. Und ich werde, wie so oft im Leben, meinen Namen buchstabieren müssen … *Dudenhöffer* …, »Dora, Ullrich« … Und eine Stimme wird sagen: »Ich weiß, Frau Ullrich.«

Und jene Stimme wird weiter zu mir sprechen:

»Siehst du all die Menschen, im Garten Eden, wie glücklich sie sind? Und du willst wirklich zu ihnen, ins Paradies. Ohne Uhr … Ohne Auto … Und ohne Telefon …? Tut mir leid.«

DAS RIESENRAD

Es trugen meine Füße mich
am Abend über einen Kirmesplatz.
Frisch gebrannte Mandeln
dufteten mit Zuckerwatte um die Wette.
Und es zogen mich die Düfte,
torkelnd hin und her.
Lichter sprangen mir entgegen,
schlechte Mikrofone schrien meine Ohren taub.
Ich stand an einer kleinen Kasse,
schob Münzen über altes Holz.
Ein Mann, der schlecht zu schätzen war,
als habe alle Zeiten er gelebt,
gab wortlos eine Karte mir.
Noch stand das Riesenrad und schwieg.
Und dann begann das Lied der Stäbe,
der Schrauben, Splinte, Balkenkraft …
Die Gondel ließ sich zitternd wiegen.
Die Fahrt begann, der Boden floh.
Es schrumpften Menschen, Bretterbuden,
das Kassenhäuschen mit dem Mann …
Düfte, Stimmen bunt vermischt,
der Kirmesplatz ward nimmer da.
Die Fahrt ging weiter, immer weiter …
Ich stopfte meine Taschen voll mit Wolken.
Und als wir immer höher zogen,
hab ich aus einem Sonnenstrahl
Krawatten mir geknotet.

Dann sah ich über mir
das weite, dunkelblaue Tuch,
mit seinen Abertausend spitzen Löchern.
Entlang des Himmels ging die Reise …
Bis schließlich sich die Gondel
im Lied des Räderwerks nach unten beugte.
Die ersten Stimmen flatterten wie Fledermäuse
und huschten dicht am Ohr vorbei.
Das Sammelsurium an Strichen,
Punkten, flüchtig aufgepflückten Flächen
ergänzte sich beim Talwärtsfahren,
zu dem mir wohlbekannten Kirmesplatz.
Das Riesenrad hielt brav
vor jenem Kassenhäuschen,
wo über frisch gestrichenes Holz
ein Knabe jetzt die Karten zählte.
All mein Erstaunen
ließ mich fragen,
wo denn der alte Mann geblieben sei.
Das Riesenrad bewegte sich
zu einer neuen Reise.
Es wurde Abendrot.
Der Knabe sah den Gondeln nach
und sprach:
»Großvater ist seit Jahren tot.«

Wir sind wieder zurück auf der Erde … in der Realität und beschäftigen uns mit den Menschen. Wer oder was sie sind, beziehungsweise *wie sie miteinander umgehen.*

Man sagt zwar – beziehungsweise –, das heißt aber nicht, dass man im Laufe einer Beziehung aus seinem Partner schlau wird.

GENE

Genetisch ist das Schwein
dem Menschen schon sehr nah.
Drum gilt es als erwiesen,
ein Schwein
der Mensch schon immer war.

FRÜHER

Früher schickten einem Damen,
ehe man's begriff,
einen Pfiff.
Jedoch heute, das ist schlechter,
meist Gelächter.

WAS

Was ist es, das dich an mir stört?
Bin ich wirklich so verkehrt?
Ist es, wie ich rede?
Weil ich mich hin und wieder mal verspäte?
Ist es, wie ich esse?
Weil ich deinen Geburtstag meist vergesse?
Oder ist es gar mein Bauch?
Auch.

SO VOM GEFÜHL

So vom Gefühl her ist mir fremd,
unterm Hemd ein Unterhemd.
Als wär es eine zweite Haut,
die mir die Luft zum Atmen klaut.
Ich brauch es nicht, ich will es nicht,
es dient nicht mal zur Zier.
Und so geht's mir mit dir.

DAS KANNST DU NICHT

Du kannst nicht lieben, kannst nicht kochen.
Du bringst mein Herz nicht mal zum Pochen.
Du kannst nicht reden und nicht fühlen,
du kannst noch nicht mal Teller spülen.
Du kannst nicht schweigen und nicht singen,
du kannst mich nicht zum Lachen bringen.
Kannst uns nicht fangen, wenn wir schweben.
Ich glaub, du kennst nicht mal das Leben.
Kannst mich nicht trocknen, wenn es Tränen regnet …
Zum Glück sind wir uns nie begegnet.

Das nächste Gedicht ..., na ja, ich bezeichne es mal so ...

Ich an Ihrer Stelle würde vielleicht sagen: »Es ist eine Zumutung.«

Das jetzt nur mal als Brückenbau ...

Es ist übrigens nicht das einzige in seiner Art, heute Abend ... Das nur schon mal als Vorfreude.

So dient mir das folgende Gedicht lediglich als Überleitung zu einer Kurzgeschichte.

Ich bin schon zufrieden, wenn Sie hinterher sagen: »Aber er war wenigstens gut angezogen.«

TZ

Im Lokal, sie aßen Schnitzel,
lachten viel und machten Witzel.
Tranken Alkohol, sogar Chambitzel …
Der Motor streikte, es lag am Ritzel,
sie liebten sich auf Liegesitzel …
Er hieß Pitz und sie Brigittzel.

Vielen Dank. Sehr gerne.

Den Intellektuellen und Angestellten unter Ihnen sei noch gesagt, diese Zeilen eben beruhen nicht auf einer wahren Begebenheit.

WENN NUDELN, DANN REIS

Es war Montagabend, neunzehnuhrachtunddreißig, als Edith und Bernhard … *zeitgleich* … und *wortlos* die Speisekarten aufschlugen.

»Du bist ja jetzt nicht gerne mitgegangen …?«

Bernhard sah schweigend in die Speisekarte.

Zehneinhalb Stunden zuvor, es war neun Uhr, und sie saßen beim Frühstück.

»Wir könnten diese Woche noch mal essen gehen …?«

Bernhard rechnete sich aus, dass er, aufgrund der Tatsache, dass erst Montag war, noch fünf Tage Zeit hatte, sich zu entscheiden.

»Heute Abend?«

»HEUTE? Du sagtest – Diese Woche.«

»Diese Woche fängt heute an.«

»Aber HEUTE?«

Man hatte sich auf das Restaurant – CIELO – geeinigt …, das heißt, Ediths Wunsch hatte dies, aus besonderem Anlass, beschlossen. Also, man fuhr in *das* Cielo. Wegen Ediths neuer Tasche. Eigentlich war Edith mit der *Tasche* ins Cielo essen gegangen und hatte Bernhard auf dem Stuhl abgelegt *und*, sie schlugen jetzt *zeitgleich*, *wortlos* die Speisekarten auf.

Während Bernhard sich sofort in den Text der abgedruckten Speisen einlas, täuschte Edith dies frappierend echt vor. Sie war strategisch beschäftigt. Dennoch schnitt sie eine Bemerkung in die Situation.

»Du könntest ruhig irgendetwas sagen …, sonst denken die Leute wir hätten Streit hast du schon was gefunden?«

»Vielleicht den Kalbsrahmbraten mit Bandnudeln …«

Ediths Blicke huschten über die Speisekarte und verharrten beim – KALBSRAHMBRATEN –. »Nimm Reis, der ist gesünder, du wolltest doch ein wenig kürzertreten …«

Bernhard wusste aus tiefer innerer Überzeugung, dass Edith nur deshalb *vorschlug*, er solle Reis essen, weil sie genau wusste, dass ER Reis nicht mochte. Aber diesen … *Stich* wollte er ihr nicht überlassen.

»Ich esse auch Reis … … Ja … Ich kann auch Reis essen … Ich habe nichts gegen Reis.«

Edith sah kurz über den Rand der Speisekarte, in Richtung Bernhard, schaute ihn aber nicht an. »Du nimmst doch jetzt nur Reis, damit ich mich ärgere …«

»Wieso *das* denn? Ich habe lediglich gesagt: ›Ich kann auch Reis essen.‹«

»Sonst isst du auch keinen Reis.«

»Natürlich esse ich Reis.«

»Aber nicht gerne.«

»Wenn du zu Hause Reis kochst, esse ich auch Reis.«

»Aber wie … … mit einem *solchen* Gesicht.«

»Das stimmt nicht …«

»Doch …«

»Und warum schlägst du mir dann vor, Reis zu essen?«

»Weil es gesünder ist … aber … das willst du ja nicht hören … jedenfalls nicht von mir.«

»Was soll *das* denn heißen?«

»Nichts … … Du machst ja gerade, als würde ich dir *vorschreiben,* Reis essen zu *müssen.*«

»Das hat kein Mensch behauptet … … Ja, … wenn ich … so wie hier … zwischen Reis und Bandnudeln entscheiden *dürfte* … …«

»Weißt du was? Iss, was du willst.«

Die meiste Zeit des Haltbarkeits-Datums der Atmosphäre war spürbar abgelaufen. Da Bernhard mittlerweile die Speisekarte ausgelesen hatte, musste auch er so tun, als studiere er weiter die Gerichte … Es herrschte Schweigen. Hätte man sie gefragt, hätte Bernhard geantwortet: »Nichts …« Und Edith hätte es mit: »Nichts, nein, nichts … … es ist *nie* etwas …« süffisant beiseitegewischt.

Als *plötzlich* und *unerwartet* und … äußerst *ungelegen* die Bedienung, die, nach weiblichem Willen und einer Blitzkontrolle, gefälligst eine JUNGE, BLONDE, SCHLANKE … BLÖDE DUMME GANS zu sein hatte, die … WEISS GOTT WAS GLAUBT, WER SIE IST, schuldlos, zum falschen Zeitpunkt, am Tisch stand, sagte Edith nur knapp und ohne dabei aufzublicken: »Bestell du schon mal.«

»Ich nehme den Kalbsrahmbraten …«

»Mit den hausgemachten Bandnudeln?«

Bernhards Körpertemperatur schoss knapp über die Fieber-Obergrenze … Er nickte stumm.

Ediths Blicke kurvten weiter beharrlich über die Seiten der Speisekarte …

»Ich nehme den kleinen Salat der Saison … und einen Stuhl für meine Tasche.«

Würde sich Ihnen jetzt die Idee aufdrängen, in dem nächsten Gedicht seien aus der Kurzgeschichte eben thematische Konsequenzen gezogen, dann läge Ihre Vermutung dicht bei der Wahrscheinlichkeit.
Auf Saarländisch: 's könnt sinn.

IN VERSCHWIEGENHEIT

Komm, lass uns einen Menschen morden,
ihn tiefgekühlt im Keller horten.
Und von Verschwiegenheit getarnt,
bleibt unerkannt, was wir geplant.
Doch ich bin sicher, dass du redest,
mein Freund, sogar zu Gott noch betest,
bevor der Abend sich gerötet.
Drum habe ich auch *dich* getötet.

DE BECHER

Ich muss noch net e mo draus trinke,
ich dät ne nur mo geere siehn,
denne Becher,
wo dei Verstand dut drinn versinge
unn all dei Vorsätz, die sinn hin.

Was drinn iss? Es muss e Mischung sinn,
aus Glick unn diefe Gräwe.
Es basst so viel in denne Becher ninn
unn schmeckt so unnerschiedlich wie es Läwe.

Stehn däd der Becher iwerall,
du siehscht ne net, met zune Aue
unn hascht ne erscht mo feschtgehall,
dann muscht de dich nur traue.

Doch. Enmo aus demm Becher trinke,
vielleicht sogar nur nippe,
um in dir selber zu versinge,
um dich ins Glick zu kippe.

Um dausend Löcher dir ins Herz zu schieße,
de Reenboo um de Hals zu binne,
um de Verstand in die Unvernunft se gieße …
Du haltscht die Welt an, awer net dei Sinne.

Doch. Enmo aus demm Becher trinke.
Ich schütt ne üwer mich als Traufe.
Ich spüre Sterne in mir blinge,
unn dann, met Herz unn Seel versaufe.

Das war, in Mundart, ein kräftiger Schluck aus den Träumen.

In diesem Gedicht – De Becher – schwingt, wenn Sie wollen, die unverbindliche Botschaft: So manches kann man nicht erzwingen, vieles aber sollte man zulassen.

Das kann man mit folgendem weltlichen Sinnspruch belegen:

Männer gehen mit dem Kopf durch die Wand.
Frauen reden so lange auf die Wand ein, bis diese nachgibt.

In diesem Zusammenhang fällt mir ein, dass ich mich einmal vier oder fünf Tage zurückgezogen hatte, um Gedichte zu schreiben. Nur um am Ende festzustellen, nicht eine einzige Zeile zu Papier gebracht zu haben.

Und kam dann aber, nach einem kurzen Spaziergang, mit folgendem Gedicht zurück.

SCHWEBEND MEINE SINNE

Wellenweich sich Wiesen
winden,
Wundersame Wolken
wallen,
Schwebend meine Sinne
finden,
Wandle ich des Wegs
entlang.

Atme tief das Blut der
Bäume.
In der Ferne glüht ein Tal.
Weiter unten rauschen
Schäume,
Kühlt des Vogels
Frühgesang.

Fahles Licht im Sonnen-
Spiel.
Alle Stille fröstelnd
fließt.
Junge Nebel tanzen
kühl,
Streuen Tropfen auf den
Tang.

Wellenweich Gedanken
schwinden,
Wundersam wie Wolken
ziehn,
Kann sie nicht zusammen-
binden,
Geh zurück, des Wegs
entlang.

GEDICHTWERDUNG

Am schlimmsten wird's, wenn man sich windet,
nach Worten sucht und keine findet.
Und hat man endlich eins in Sicht,
dann stellt man fest, es reimt sich nicht.
Wenn es sich reimt und man hört hin,
ergibt es oftmals keinen Sinn.
Man höre auf den inn'ren Ruf:
Loss no, das werd nix, komm, hör uff.

Zum Glück ist das nicht immer so. Manche Texte fließen einem geradezu als Opus aus der Feder:

FRAG DEIN GEWISSEN

Du hast mich gestern noch verachtet,
heute findest du mich toll?
Jawoll.

LIEBE MICH

Sie lag seitlich ausgestreckt,
zu erwähnen, aufgedeckt.
Ihre Beine irgendwo,
beide Hände unterm Po.
Er auf Knien, recht verbogen,
anatomisch ausgewogen …
Wollte einen ersten Kuss,
doch er traf den linken Fuß.
Beide Körper eingebettet,
hatten sie sich stark verkettet.
Sie wusste nicht, wie ihr geschah,
hauchte zart: Bist du noch da?
Liebe mich jetzt ohne Pause …
Dann kommst *Du* nach Hause.

Ich habe mir überlegt, über die jeweilige Stadt, in der ich lese, ein kleines Gedicht zu schreiben. Quasi als kollektives Identifikations-Erlebnis des Publikums … Und auch vielleicht zur Stabilisierung des Sympathie-Indikators des Ansagers.

DIE STADT

Was mir hier so gut gefallen hat,
ist diese, Ihre wunderschöne Stadt.

Danke …

Wir kommen jetzt zu einem Buch, das ich geschrieben habe: »Die Reise nach Talibu – Eine Erzählung«.

Und damit Sie einen Einblick in die Geschichte bekommen, lese ich Ihnen zunächst den Klappentext vor.

»Wer oder was ist eigentlich Talibu?«, fragt sich Melia, als sie an einem sonnigen Tag auf einer staubigen Landstraße auf Bruno trifft. Melia, die bei ihrer Tante als Waise aufgewachsen ist, und Bruno, ein Journalist, machen sich gemeinsam auf die Reise nach Talibu. »Was soll das sein – ein Ort, eine Stadt, ein Land?« Ohne es zu wissen, mit dem unbestimmten Gefühl, dass es im Norden sein muss, mit der Gewissheit, dass sie es finden werden und ohne einander zu kennen, begeben sie sich auf eine Reise ins Ungewisse.

Der Schlüssel zu Talibu liegt jedoch in der Erinnerung, und so leicht und unbeschwert, wie Bruno und Melia durch kleine Städte und endlos erscheinende Landschaften streifen, wird der Leser durch Melias Erinnerungen geführt. Die märchenhafte Stimmung erweist sich jedoch bald als trügerisch. Die Suche nach Talibu wird letztendlich zu einer Suche nach Glück und Geborgenheit, die jäh ein Ende findet. Die lang gehütete Vergangenheit des Mädchens bricht plötzlich in die Gegenwart ein und lässt eine schreckliche Wahrheit offenbar werden.

Und an der Stelle, wo die Erzählung beginnt, sich langsam zu drehen, wo Melia in den Vordergrund tritt und fortan die Geschichte prägt oder beherrscht, steigen wir in die Erzählung ein ... als beide in einem Gasthaus Rast machen.

Bruno griff nach der Türklinke, drückte sie herunter und öffnete die Tür in den Gastraum, der leer zu sein schien. Da der Raum nicht groß war, standen sie nach wenigen Schritten mitten im Gastraum. Aus versteckten Lautsprechern kam Musik. Die unbesetzten Tische waren mit karierten Tischdecken gedeckt, auf deren Mitte Blumenväschen und Keramikstreuer standen. Melias Zweifel klammerten sich an ihr fest, und sie wehrte sich nicht. Ohne sich abzusprechen, entschieden sie sich für einen Tisch vor einem der beiden Fenster, die mit ihren weißen Gardinen nicht mehr wie Löcher aussahen. Melia setzte sich mit dem Rücken zum Fenster, Bruno links von ihr, an die schmale Tischseite. Durch eine kleine Garderobenwand, die hinter Bruno im rechten Winkel von der Fensterseite in den Raum zeigte, entstand eine Ecke, in der sie sich geborgen fühlten. Erst jetzt nahmen sie sich die Ruhe, den Raum zu inspizieren.

Ihnen gegenüber wölbte sich der Tresen wie ein Bauch in den Gastraum. An der linken Biegung saßen zwei Männer auf Barhockern, mit dem Rücken zu ihnen. Bruno und Melia wussten nicht, ob diese von ihrem Hereinkommen Notiz genommen hatten. In der Mitte der Tresenrückwand war eine Schiebetür zur Hälfte in ihre Füllung geschoben. Der helle Raum, in den man sah, musste die Küche sein, in deren Tiefe eine menschliche Gestalt wie ein Schatten durch das hereinfallende Licht wischte. Die Schiebetür wurde mit einem fauchenden Schleifen aufgeschoben, und ein Mann trat hinter den Tresen. Überrascht nahm er Bruno und Melia wahr, als seien diese eine plötzliche Erscheinung, und grüßte mit einem freundlichen »Guten Tag«. Dann stützte er sich mit beiden Händen auf dem Buffet ab, schob den Oberkörper leicht nach vorne und fragte über den Tresen hinweg: »Was kann ich Ihnen bringen?«

»Wir würden gerne eine Kleinigkeit essen«, sagte Bruno, mit kurzem Blick zu Melia.

»Ich bringe Ihnen die Karte. Möchten Sie etwas trinken?«

»Zwei Cola, bitte.«

Obwohl Melias anfängliche schüchterne Furcht durch die Behaglichkeit des Gastraumes und die Freundlichkeit des Wirtes sich hätte lösen müssen, fühlte sie sich isoliert. Etwas war ihr gegenüber, stellte sich ihr in den Weg, von dem sie nicht wusste, was es war. Und ob sie es jemals erfahren würde, vermochte sie nicht einzuschätzen. Ihre Höhle mit den vielen tausend Gedanken war viel zu weit weg, als dass sie sich hätte verkriechen können. Ihr Kopf war verschlossen. Plötzlich glaubte sie, schon seit Jahren unterwegs zu sein. Bruno saß direkt neben ihr, aber wer er wirklich war, wusste sie nicht. Etwas stand im Raum, das nur mit ihr zu tun hatte.

Jemand sagte zu ihr: »Ist alles in Ordnung?« Es war Bruno.

Sie musste sich zusammennehmen. Sie zwang sich, *diese* Gedanken nicht zuzulassen. »Ja. Ich glaube, ich bin etwas müde.«

Der Wirt wippte ein letztes Mal mit dem Zapfhahn des Limonadenspenders, stellte die gefüllten Gläser auf ein kleines rundes Tablett, griff zwei Kunststoffmappen und kam auf der linken Seite, dort, wo die beiden Männer auf ihren Barhockern saßen, hinter dem Tresen hervor. Er sah Melia und Bruno freundlich entgegen und sagte wenige Schritte vor deren Tisch: »So, zwei Cola …« Er servierte die Getränke und hielt ihnen die beiden Mappen hin. »Die Karte. Ich habe frischen Kartoffelsalat.«

Als Melia die Speisekarte öffnete, überkam sie wieder dieses erdrückende Gefühl, ihre Gedanken würden von etwas Fremdem gesteuert, und sie fühlte sich gezwungen, diesem nachzugeben. Die Buchstaben auf dem in eine Kunststoffhülle geschobenen Papier streckten sich zu kalten, dünnen Strichen, zwischen deren Leerräumen sie einen Satz zu erkennen glaubte.

Er tauchte auf und war verschwunden. Als hätte sie versucht, in völliger Dunkelheit einen Vogel zu fangen, verschwand der Satz aus ihrem Kopf, und sie starrte auf den Text der Speisekarte.

Melia spürte, dass Bruno sie beobachtete, indem er schwieg.

Unentschlossenheit beim Aussuchen der Speise vortäuschend, wollte sie die Zeit nutzen, um sich weiter im Raum umzusehen. Sie hob vorsichtig die Blicke über den Rand der aufgeklappten Speisekarte.

Sie sah zum Tresen; links die beiden Männer. Die Schiebetür war geschlossen; in deren Mitte war auf Kopfhöhe ein kleines Fenster eingelassen, dessen Helligkeit sich durch die häufigen Bewegungen in der Küche ständig veränderte. Melia ließ ihre Blicke nach rechts wandern, als schlichen sie wie eine Katze über den Tresen. Unbeobachtet wollte sie sich dem nähern, von dem sie noch nicht wusste, was es war. Sie tastete sich immer weiter in die rechte Hälfte des Gastraumes vor, dessen Konturen im Dunkeln zerliefen. Als sie am Ende des Tresens angekommen war, stockte sie. Ihr war, als schlügen eiserne Fangarme zu. Sie hörte auf zu atmen. Unentwegt, als säße sie in der Falle, starrte sie in die Augen eines Mannes, der dort, an der Wand gelehnt, auf einem Barhocker saß. Ihre Blicke rasten aufeinander zu wie die gesenkten Lanzen zweier Reiter im Kampf. Keiner von beiden kam zu Fall, aber Melia war getroffen. Sie kannte den Mann nicht, sie hatte ihn noch nie gesehen, da war sie sich ganz sicher.

Da kamen sie wieder; wie Blitze aus der Vergangenheit. Ihre Gedanken zerrten an der Erinnerung wie Hyänen am nicht ausreichenden Aas.

Der Mann, Melia schätzte ihn auf Mitte fünfzig, hatte dunkelblonde, unordentlich nach hinten gestrichene Haare. Am Oberkörper hing schlampig ein angeschmutztes weißes Hemd, die beiden oberen Knöpfe waren geöffnet, die Ärmel flüchtig hochgeschlagen. Seine linke Schulter lehnte an einem Spielautomaten, der, hektisch blinkend, mit immer wiederkehrendem elektronischem Mehrklang sein Programm abspulte. Das farbige Licht sprang vom Automaten auf sein Gesicht und ließ es gespenstisch wirken.

Er also war das Phänomen, welches Melia so beunruhigte? Das sie nahezu parapsychologisch dort an den Tresen projizierte. Aber warum? Wer war er?

Obwohl zwei, drei Jahre vor der Erzählung geschrieben, beschreibt das nun folgende Gedicht, zufällig, recht treffend die sich aufbauende Situation in der Geschichte.

RAUM UND ZEIT

Aus der Wärme in das Nichts,
welches ungewiss, verzweigt,
schaut der Raum um dich herum,
dir beim Leben zu und
schweigt.

Ich benötige jetzt Ihre völlige Bündnistreue, beziehungsweise die Gabe, Toleranz richtig einzusetzen.

Es begann eigentlich recht harmlos. Ich hatte so vor mich hin gedichtet …

Und war fest davon überzeugt, dass diese Zeilen bei meiner Familie ungezügeltes Gelächter auslösen würden.

Aber ich sah in Gesichter, die ich so vorher noch nie gesehen hatte.

Selbst der Hund wollte nicht mehr mit mir bellen.

Kurzer Rede, auf den Punkt … Sie hatten das Gedicht nicht verstanden.

Übrigens bis zum heutigen Tag.

Und an dieser Stelle kommen Sie ins Spiel. Sollten Sie mit diesem Gedicht auch nichts anfangen können …, weil Sie es eben auch nicht verstanden haben, dann gebe ich Ihnen meine Adresse. Sie finden dort drei Personen, mit denen werden Sie … zumindest vom Humor-Verständnis her, blendend auskommen. Um den Hund tut's mir leid.

Sollte Ihnen das Gedicht jedoch Freude bereiten, eben weil Sie es verstanden haben … noch ist nichts verloren …

Dann wäre meine Frage, ob mich der eine oder andere von Ihnen bei sich zu Hause aufnehmen könnte. Ich bin einer Adoption gegenüber nicht abgeneigt.

Ich mache auch nicht viel Dreck.

Eine kurze Vorzeile zum Titel:
Sehen Sie! Auf Bayrisch: Sixt.
Das Gedicht heißt: Rennt a K.

RENNT A K

Rennt a K durch's Alphabet,
Oh mein Jott, vorm L
es nicht weitergeht.

HILFE

Hilfe, Hilfe, ich ertrinke,
ich jetzt unter Wasser sinke …
Da ist eben wer ertrunken,
er ist plötzlich abgesunken.
Wirf ein Seil hin, oder Schleppe …
Der kommt wieder,
bald ist Ebbe.

BLUTSPENDE

Spende Blut
in der Nut.
Denn verliert man zu viel Blot,
ist man hinterher meist tot.
Doch wer solche Reime schreibt,
besser nicht am Leben bleibt.

Wenden wir uns wieder der Lesung zu.

Man findet sich manchmal im Leben in einer Situation, in der man einer anstehenden Entscheidung oder einer Person, etwas vollmundig, den Kampf ansagt, um letzten Endes festzustellen, dass man sich gewaltig übernommen hat … Und bitter dafür bezahlen muss.

Ich habe dieser unbekannten Größe den Phantasie-Namen Chambul gegeben.

Das nun folgende Gedicht ist ein Gleichnis.

CHAMBUL

Chambul?
Des Tages frühe Stunde schlägt,
hier stehe ich mit festem Tritt,
gestählter Wille, dich zu töten, prägt
mein Denken, Atmen, jeden Lebensschritt.

Chambul!
Ich weiß, du hältst dich hier versteckt.
Mit meinen eignen Händen,
die Faust entschlossen ausgestreckt,
dein Leben heute zu beenden.

Chambul?
In allen Welten hab ich dich gesucht.
Hab Flüsse, Meere ausgegossen,
ein jeder Traum hat dich verflucht,
doch bis zur Abendstund dein Blut geflossen.

Chambul
Dein Tod wird nicht des Teufels Werk,
so einfach mach ich es dir nicht.
Dein Schweiß muss tränken alle Berg,
die blanke Hand, Chambul, dich bricht.

Chambul
So wie der Sturm die Blätter jagt,
werd ich dich treiben durch den Staub.
Wenn deine Seele jammernd klagt,
bist du verwelkt, wie faules Laub.

Chambul!
Entkommen wirst du nicht.
So lass es uns beenden.
Vor deinem letzten Augenlicht
werd ich dein Weib noch schänden.

Chambul!
Ich stehe hinter dir, sieh her.
Du willst mich jagen, alle Zeit?
Mich hetzen durch die Welten-Meer?
Du raubst die Liebe meines Weib?

Chambul …
Chambul, Chambulchen …
Bei aller Ehr … Ich werd dich tragen.
Wie geht's dem Weib, dem Julchen?
Darf ich nach ihrem Wohle fragen?

Chambul …
Wie hast du mich erschreckt.
Will betten dich auf sanften Wiesen,
und meine Hand hab ausgestreckt,
doch nur, um dich zu grüßen.

Chambul
Ich nähe dir ein Waffenkleid,
aus zartem Rosenblatt.
Ich selbst will dienen, alle Zeit,
tu's kund sogleich, der ganzen Stadt.

Chambul
So wend ich mich zum Gehen,
und grüß dein Weib, wünsch tausend Zier.
Lass mich fernab um Gnade flehn,
Leb wohl, Chambul, ich danke dir.

So schlich er sich aus dieser Zeit.
Chambul fürwahr, blieb stumm.
Er ging der Schritte viermal weit
Und drehte sich noch einmal um.

Chambul?
Was blitzt in deiner hohen Hand?
Von bester Waffenkunst, ein Schwert?
Mir zum Geschenk, den Tod gesandt?
Halt ein, Chambul … Ich bin's nicht wert.

BEGEGNUNG

Mich trieben finstere Gedanken.
Ich trug die Nacht mit in den Wald.
Die toten Bäume sahen aus wie alle,
denn starre Schatten leben nicht.

Der Weg verlor sich in der Dunkelheit.
Mein Atem schmeckte herb nach Nebel.
Die Angst zerrann, in jener Finsternis,
und Zweige schlugen mein Gesicht.

Ich wünschte mir Dämonen her
und Geister, die mich quälen …
wenn sie nur tauschten tausend Tage,
gegen *eine* tiefe, endlos Nacht.

Und just in dieser schweren Stunde,
wo ich dem Teufel unterlag,
erhellten sich die satten Nebel,
die dunklen Geister stoben weg.

Grelle Lampen warfen Licht
und störten meine Dunkelheit.
Vielleicht ist es ein böser Gott,
den ich in dieser Nacht um Hilfe bat?

Dann sah ich Schatten sich bewegen,
ein Arm, der sich wie Äste reckte …
Ein Schritt bringt dieses Etwas näher …
Es knirschten Blätter, nasse Hölzer.

Und eine Stimme schwang, wie schwarze Flügel,
in einer Sprache, die ich zuvor noch nie gehört …
Wem immer ich es auch erzähle,
man gibt mir Spott und Zweifel zu verstehn.

Der Hochmut lächelt
über jene finsteren Gedanken.
Er winkt mir zu …
Und wendet sich zum Geh'n.

WEITES LAND KANADA

Ich steh in einem weiten Land
und schau der Leere nach.
Und all den Ahornblättern …
Hoch über mir, das kühle Blau,
seh Wolken über Berge klettern.
Es zeigt sich keine Menschen-Seele,
nicht mal ein scheues Tier.
Mir kriecht die Furcht durch alle Glieder,
die Angst steigt auf in mir.
Ich füll zum Schreien meine Lungen,
im Grübeln, was hier wohl geschah …
Und rufe in das weite Land:
Kana da?

EIN SCHÖNES GESCHENK

Pauls Verstecke wurden in der Vorweihnachtszeit regelmäßig ihrer eigentlichen Bedeutung beraubt. Sie flogen auf. Aber in diesem Jahr hatte er es tatsächlich geschafft, dass Yvonne das Päckchen vor Weihnachten *nicht* … und er es, rechtzeitig vor Heiligabend, *wieder* … fand.

Es war auch kein – *in der letzten Minute* – sichergestelltes Geschenk, zu dem man, als Weihnachts-Aktion, ein Stück Seife aus der Création »Haute sensibilité« dazubekam … Und bei dem man, inmitten eines Knäuels anderer Männer an der Kasse, darauf wartete, dass die Verkäuferin das mit gekräuselten Schleifchen, geringelten Bändchen und glitzernden Sternchen drapierte Päckchen hochhielt und der dazugehörende Kunde mit einem *»Ja …, Mhm …«*, oder *»Schön …«* seine Zufriedenheit verhalten zum Ausdruck brachte.

Nein, diesmal war alles anders. Paul war mit sich sehr zufrieden.

Yvonne hatte – *es* – mal erwähnt, *er* hatte es sich gemerkt *und* … und das war der eigentliche Grund seiner Zufriedenheit … er hatte sich rechtzeitig daran erinnert.

Und so hatte Paul in diesem Jahr ein *schönes Geschenk*. Das hatte auch die Verkäuferin im Geschäft gesagt. *»Das ist ein sehr schönes Geschenk. Da wird sich Ihre Frau sehr freuen. Da bin ich mir sicher.«* Und *Paul* war sich sicher, dass die Verkäuferin ihm nichts vorgaukelte …

Als er den Preis hörte, konnte er nicht mehr zurück. Jedenfalls nicht in *diesem* Fall. Vor *diesem erlesenen* Knäuel männlicher Kunden.

Als die Verkäuferin ihn zur Tür brachte, sagte sie *noch mal: »Ein wirklich schönes Geschenk … Frohe Festtage.«* Und da war Paul äußerst zufrieden. Und ihm fielen all die anderen Männer auf, wie sie durch die Straßen hetzten, ohne eine Idee, geschweige denn mit einem Geschenk. Und er freute sich auf Heiligabend.

Das Wohnzimmer schwebte in einer dichten weihnachtlichen Behaglichkeit, wie ein prall gefüllter Luftballon.

Paul stand da, das Päckchen in beiden Händen haltend …, dann hörte er Yvonne sagen, oder war er es …, oder sagten sie es beide … …? *»Frohe Weihnachten …«* Paul glaubte, Yvonne wollte ihm einen Kuss geben … oder ihn umarmen … oder beides … eigentlich wollte er das auch … und um sicher zu sein, küsste er Yvonne auf die Wange und sagte noch mal: *»Frohe Weihnachten das ist für dich … …«*

»Für mich?«

Paul war in den letzten Tagen schon einige Male *so zufrieden* gewesen, jetzt war er auch noch – *glücklich.* Das Päckchen schwebte aus seinen Händen zu Yvonne. *Gleich wird sie vor Freude, einer Tänzerin gleich, eine Pirouette in das Weihnachtszimmer zaubern …*

Yvonne ertastete mit sanftem Druck, dass sie einen

Karton in ihren Händen hielt. Und wie an einer langen Schnur aufgereiht zogen etliche Geschenke durch ihre Phantasie. *Geschenke,* von denen man gar keine Vorstellung hat, Wünsche, die man vielleicht gar nicht schenken kann … Wünsche und Geschenke, die man nicht kennt … …, *die man aber gerne hätte.*

Paul wickelte unkonzentriert *seine* Päckchen auf. »Du packst gar nicht deine Geschenke aus«, hörte er Yvonne sagen …

»Doch doch …«

Und er beobachtete sie weiter, möglichst unauffällig, aber doch so angestrengt aus den Augenwinkeln, dass er hinter seinen Augäpfeln einen leichten Druck verspürte. Als er zur Entspannung seiner Augen einen flüchtigen Blick zum Weihnachtsbaum warf, merkte er, dass er schon leicht schielte.

Wird ihr das Geschenk gefallen? Wie wird sie reagieren? Was wird sie sagen?

»Ein Pullover … … …«

Paul befürchtete zu spüren, dass Yvonne dies eben ohne Begeisterung gesagt haben könnte …

Er erinnerte sich, dass ein Freund, dem er von dem Pullover als Weihnachtsgeschenk erzählte, meinte: »Frauen wollen etwas Persönliches …«

Dem Paul entgegenhielt: »Wieso ist ein Pullover unpersönlich?«

»Du weißt, was ich meine«, sagte sein Freund. »Etwas Funkelndes …, etwas, das glänzt.« Er lachte. »Du hättest einen Pullover mit Lurex kaufen sollen.«

Er konnte sich solche Scherze leisten. Er war auf seine Art zufrieden und glücklich … *Er* lebte seit wenigen Wochen von seiner Frau getrennt und er musste sich mit einer aufwendigen Geschenkeorganisation physisch und psychisch nicht belasten.

Und im Übrigen … Was Norbert, sein Freund, *nicht immer alles wusste* … Er wusste ja auch *ganz genau* … und wenn er etwas *ganz genau wusste,* begann er seine Einschätzungen immer mit »*Also Paul, das EINE kann ich dir sagen* …« So wusste er ja auch, bei der letzten Bundestagswahl, »*aber hundertprozentig, Paul*«, dass die SPD an die Macht kommt. Und … bei einer Wahl geht es schließlich um *Millionen* Menschen … In diesem Fall ging es zwar nur um einen einzigen Menschen, aber … dafür um Yvonne. *Nein*, der Pullover war ein *sehr schönes Geschenk.*

Yvonne hielt den Pullover mit ausgestreckten Armen vor sich hin.

»Wie kommst du denn darauf?«

»Du hast es mal erwähnt …«

»Ja …?«

»Ja … Gefällt er dir?«

»Schön …«

Yvonne raffte den Rollkragen zusammen und las das Etikett: Amanda Crazz.

»*Crass*«, korrigierte Paul. »Amanda Crass«.

»Schön … … Ist der grau? 'n schönes Grau … Normalerweise mag ich Grau bei Kleidern nicht so … aber das ist so ein … warmes Grau? Oder?«

»Ja … also *ich* … also mir hat er gut gefallen. Dir nicht?«

»Doch … … … Gibt es den auch *ohne* Rollkragen? Obwohl, er ist ja ganz weich … … An einen Pullover hätte ich jetzt nicht gedacht … … Hatten die den Pullover auch in anderen Farben? Obwohl … … In *Dunkelblau* könnte ich ihn mir auch vorstellen … oder *Kirschrot* … Ich meine immer, *Grau* macht mich ein bisschen älter. Ich ziehe ihn mal an.« Yvonne stand auf und ging zum Spiegel.

Paul seufzte innerlich. Ob der Knäuel Männer, in der Parfümerie, ihn in diesem Jahr vermisst hatte?

Einmal, so erinnerte er sich, hielt die Verkäuferin ein fertig verpacktes Päckchen in die Höhe und meinte zu dem Kunden vor ihm: »Das ist *der* feminine Duft. Die Dame wird begeistert sein.«

»Das Eau de Parfum ist für meinen Freund … …«

Das Männer-Knäuel wurde schlagartig still, die Verkäuferin ebenso schnell rot. Ihr Gesicht schimmerte in der Wechselwirkung ihres aufgelegten Make-ups und des partiell getupften Abdeckstiftes zimtbraun, meliert. Angefahrene Rehe verfärben sich ähnlich, wenn man sie zwei Tage liegen lässt.

Yvonne drehte sich vor dem Spiegel hin und her.

»Der ist ja nicht zu klein? Macht der Rollkragen keinen langen Hals? … … Sehe ich wegen des angesetzten Bundes dicker aus? Hier am Po …? Das Grau macht mich doch älter …?«

Ja. Älter und dicker und der Hals sieht aus wie

ein Giraffenhals bei den afrikanischen Frauen, die sich Metallringe anlegen … Nur, die tragen das mit Stolz …, dachte sich Paul.

»Nein … überhaupt nicht … Also, ich finde er steht dir sehr gut.«

Yvonne schaute wieder in den Spiegel. »Gibt's den auch mit V-Ausschnitt? … Vielleicht als Weste? Eine Nummer größer, oder? Schön ist er. Vielleicht muss ich mich erst dran gewöhnen … …? Hast du den Kassenbeleg noch?«

Paul wusste es nicht. »Warum? Willst du den Pullover umtauschen?«

»Nein … … Aber … Vielleicht gehen wir nach den Tagen mal in das Geschäft …nur mal gucken, deswegen habe ich nach dem Kassenbeleg gefragt … Wenn die diese halbhohen Wildlederstiefel hätten … zu meinem schwarzen Rock, weißt du?«

Nein, Paul wusste auch *das* nicht. Er wusste nur, dass Norbert es *nie* erfahren durfte.

DIE EWIGE STILLE

Die Zeit des Universums stand.
Die Stunde allen Seins zu Ende.
Nur ein Planet zog übers Land,
die Menschen hämisch lachten.

Es war die Zeit der tiefen Stille.
Die Räder der Planeten standen.
Der Erde ungebrochner Wille,
die Gebote zu missachten.

Vom Horizont her kamen Wesen,
sie stampften in den Vordergrund,
in ihren Händen Eisenbesen,
den Trotz der Erde jetzt zu brechen.

Sie klappten Äcker, Felder auf,
man sah das Schwarz der Nächte.
Die letzte Tat lief ihren Lauf,
es galt, den Hohn zu rächen.

Die Besen kehrten tagelang,
das Jammertal in all die Löcher.
Bevor die Menschheit sich besann,
dies war der Wesen letzter Wille.

Die Erde war hinweggefegt.
Die Ruhe stand am Horizont.
Die Äcker wieder zugelegt,
dann endlich ward es Stille.

LEBENSLÜGE

Längst hat er sich ausgeklinkt,
ausgebrannt der Lebenswille,
denn die Minute, die noch bleibt, schwingt
unaufhaltsam bis zur Stille.

Langsam löst der Wahn das Herz.
Willenlos, entkrampft die Hände.
Aus dem Körper schwebt der Schmerz,
so, als ob er Glück empfände.

Er steht frei, die Brücke schweigt.
Schwarzes Tal die Nacht verwischt.
Bis er sich nach vorne beugt,
und ein Seelenlicht erlischt.

Alle kannten ihn als heiter.
Jeder ihn als Freund benennt,
doch das Leben geht schnell weiter …
Ich hann ne so gut wie net gekennt.

Nach der »Lebenslüge« kommt das Thema »Frauen und Männer« eigentlich … wie gerufen.

DU BIST

Du bist die einzig w a r e n
wir doch immer g l ü c k l i c h
schätz ich mich, für das Hier und
H e u t e nicht.

WIR KÖNNTEN

Wir könnten streicheln,
statt zu schmeicheln.
Wir könnten küssen,
statt es zu missen.
Und meine Hand, sie könnte wandern,
von einem Körperpunkt zum andern.
Man könnte wühlen, toben, schreien,
anstatt sich ständig zu entzweien.
Wir lägen Haut an Haut im Bett …
Ich will das net.

Maria Laach.

Ich weiß nicht, ob das jedem bekannt ist … Maria Laach ist eine hochmittelalterliche Klosteranlage, an der A61 …

So in der Ecke Bad Neuenahr / Mayen …

MARIA LAACH

Maria laach auf dem Rücken,
sie wollte ihn beglücken …
Du bist mein Weg, führ mich zum Glücke,
da machte er ’ne Brücke.

AMANDA

Was macht der Mann da
auf der Veranda,
zumal Amanda
splitternackt?
Denkt sich Amanda,
war je ein Mann da,
auf der Veranda?
Sie sich ihn packt.
Auf einer weiteren Veranda
denkt sich Cassandra,
was macht *mein* Mann da
auf der Veranda,
mit Frau Schmitt?
Schon stürmt Cassandra
auf *die* Veranda,
da, wo ihr Mann da
mit Amanda …
und macht mit.

FRAUEN UND MÄNNER

Frauen warten auf ein Zeichen, eine Geste,
einen Scheck.
Kommt kein Zeichen, keine Geste und erst recht
kein Scheck,
sind sie weg.
Männer geben oft ein Zeichen, eine Geste,
einen Scheck.
Und die Frau ist trotzdem
weg.

SIE WAR PERFEKT

Es war im Osten von Berlin,
ich war ganz weg von ihr und hin.
Mein Leben hatte sich verändert,
Herz und Seele war'n gekentert.
Wir liebten uns zum Zeitvertreib,
ich hatte Angst um meinen Leib.
Sie war perfekt und *ich* berauscht.
Wir hatten alles ausgetauscht.
Ich kannte *sie,* sie kannte *mich,*
kein Kosename jemals wich.
Sie war ein Schnuckiputzi und ein Hasi,
Und eine Drecksau von der Stasi.

Warum bloß tut der Mensch das?
Könnte eine Nachfrage zum letzten Gedicht sein …

Es ist aber die Überschrift zum nächsten Text, in dem scheinbar Alltägliches *philosophisch betrachtet wird.*

Die Philosophie zeigt einem die Möglichkeit, wie man sich durch eine besondere Fragestellung auch ein Wissen schafft.

WARUM BLOSS TUT DER MENSCH DAS

Warum setzen wir Menschen uns immer wieder bewusst Situationen aus, von denen wir genau wissen, dass sie zum Scheitern verurteilt sind, dass sie, ohne den geringsten Spielraum zu haben, schiefgehen werden. Als gäbe es so etwas wie eine *Sucht,* scheitern zu wollen.

Ich meine damit nicht unseren laxen Umgang mit der Zeit. Wenn wir einen Nachmittag mit Terminen dermaßen *über*planen, dass vier Leute über mehrere Tage hinweg alle Mühe hätten, das Pensum in den Griff zu bekommen.

Nein, das meine ich nicht. Es sind Situationen, die von einer schon fast beeindruckenden Sinnlosigkeit geprägt sind.

Es ist auch nicht *Das Abnehmen.* Beziehungsweise die unkontrollierte Willensbekundung dazu, die einem kein Mensch *abnimmt*, man selbst übrigens am wenigsten, was dazu führt, dass man den Glauben verliert, aber kein Gewicht. Erkenntnisse, die für eine Lebensreife unerlässlich sind, aber bei weitem nicht *das* beschreiben, was ich meine.

Stellen Sie sich eine Situation vor, deren Ausgang Sie genau kennen, ein Ende, das Ihnen heftig zusetzen wird, das Sie an den *berühmten Rand* der Verzweiflung bringen wird … und Sie tun es trotzdem.

Nein … Es ist auch nicht das *bittersüße* Spiel mit der Liebe. Jene so verführerisch, leicht dahinschwebende Kugel, die einem, bei dem Versuch, sie aufzufangen, aus den Händen gleitet und in ihre Einzelteile zerspringt. In *Tränen, Schmerz, Ohnmacht, Hass, Wunden, Narben und Insolvenz …*

Ich meine auch nicht das sinnlose Verschleudern der Ressourcen unseres Planeten. Oder eine andere, auch alltägliche Übung, die der Sache aber schon sehr nahe kommt … Denn wenn der Nachbar trotz wolkenverhangenem Firmament seinen Grill auf die Terrasse zieht, dann könnten sich vor einem einige zweckdienliche Fragen, wie eine Gewitterfront, zusammenbrauen.

Aber all das trifft bei weitem noch nicht *den Kern* der Sinnlosigkeit.

Selbst wenn man all die irrsinnigen, sinnlosen Kriege nennt, die für das offensichtlich bewusst herbeigesehnte Ende der Erde notwendige Begleiterscheinungen sein müssen und somit der unumstößlichen Beweisführung dienen, dass die dem Menschen von der Evolution zugedachte Intelligenz unsere Instinkte ausschaltet.

Nein, alle erwähnten Theorien bleiben, mehr oder weniger, im Stadium der Vermutung stecken.

Eigentlich ist es ganz einfach und vielleicht deswegen so kompliziert. Es bedarf auch keines Schuldspruches Einzelner, denn *wir alle* sind an jenem *sinnlosen Handeln* beteiligt. Jeder, der sich davon freispricht, belügt sich und somit alle.

Denn welcher Mensch – jenes Geschöpf, das von dem Entwicklungsverlauf unseres Planeten mit dem aufrechten Gang bedacht wurde – hat nicht schon mit zweifelsfreiem Bewusstsein und dem süchtigen Willen, scheitern zu wollen, sich in die *sinnlose Situation* gebracht, ein Stück Frischhaltefolie von einer *Kartonrolle* abzureißen …? Jenes Stück hauchdünne Transparenz, die im Bruchteil einer Sekunde unkontrolliert abgerissen, unbrauchbar, verhutzelt an der Hand pappt.

Und auf den Schweifen der Kometen, die unsere Evolution überrunden, steht zu lesen: *Warum bloß tut der Mensch das?*

Zu dem nächsten Gedicht hat mich vor vielen Jahren ein Hochwasser inspiriert. Ich weiß, ich war damals sehr beeindruckt. Wie eine Stadt sich verändert. Die Wassermassen lagen wie ein rauschender Geräusche-Teppich über allem.

Eine hörbare Stille. Und als ich dann nach einer gewissen Zeit wieder in dieser Stadt war, konnte man den Eindruck haben, die Flut sei nur ein böser Traum gewesen.

Die Stadt war wieder zu hören. Und da fiel mir der erste Satz zu dem Gedicht »Die Flut« ein.

DIE FLUT

Die Vögel fliegen wieder.
Das Erdentreiben hat darauf gewartet.
Die Sonne zaubert mit dem Wolkenspiel
ein Licht der Leichtigkeit.
Der Fluss spült sich in ordentlichen Bahnen,
hielt er doch gestern noch
die Ufer fest in seinem Arm.
Es hat sich nichts verändert.
Doch scheint's,
es gelte, einen neuen Tag zu leben.
Die Leute haben einen andren Gang.
Die Autos rauschen,
als würden sie von Kinderhand gezogen.
Die Fahnen auf der Brücke
wehen mit des Flusses Lauf.
Die schweren Schiffe lagen brav
und fügten sich der Übermacht.
Es scheint,
man lebe doch ein neues Leben.
Die Vergangenheit
ertrinkt im stillen Fluss.
Doch niemand auf der Brücke
hört die Fahnen rufen …

Die ersten Schirme werden aufgespannt,
die Heiterkeit löst sich im Regenguss.
Noch macht sich niemand ernsthaft Sorgen.
Man fühlt sich frei,
wenn man die Ufer sieht.
Doch jeder Regentropfen nährt die Flut,
vielleicht schon morgen.
Nur das Vergessen
beflügelt uns zu leben.

ZWIEGESPRÄCHE

»Wie alt wird eigentlich so eine Möwe?«
Fragte ein Mensch einen anderen Menschen.
»Keine Ahnung, sechs Jahre?«
»Nur sechs Jahre?«
»Wie alt wird eigentlich so ein Mensch?«
Fragte eine Möwe eine andere Möwe.
»Keine Ahnung, achtzig … und mehr?«
»Achtzig? Was für eine Qual …«

NIEMALS

Niemals … oder besser nie
reicht der Scheitel bis zum Knie.
Niemals … Manchmal, aber selten,
treffen sich im Universum Welten,
in dem Glauben, sie allein,
einzig auf der Welt zu sein.
Bis sie merken, in dem Haufen
vieler Welten zu ersaufen.

Meine Damen und Herren, der letzte Satz der Lesung ist augenscheinlich in Reichweite.

Sie können schon mal Ihre Vorderfrau, Ihren Hintermann oder sich selbst fragen, sofern Sie nicht neben sich stehen …, ob noch alles sitzt:

Krawatte …? Ist mein Make … up?

Dazu noch eine lyrische Statistik:

Männer glauben die Komplimente, die man
ihnen macht …
Frauen auch. Nur Frauen wissen, dass sie
nicht stimmen.

Bevor Sie nun Ihr eigentliches Vorhaben, für den heutigen Abend, in das Lokal umsetzen, noch eine vierzeilige Frage.

ZWERGE

Warum bist du denn so dick?
Fragt ein Zwerg den zweiten.
Da ich groß nicht werden kann,
versuch ich's in den Breiten.

ADIEU

Ich hann dir net adieu gesaat,
mei kleener Freind.
Ich hann mich net getraut,
hann mich geschämt, dass se siehn,
was ich bin …
E Mensch, net mee …
Hann dich im Schmerz gespiert.
Ich hann mich rumgedreht,
bin fort.
Eenfach so.
Du dorthin, ich dohin …
Mir sinn immer zusamme gang.
Dohin, dorthin unn … widder serick.
Unn jetzt?
Reiß ich uns met jedem Schritt
weider ausenanner.
Ich breicht doch nur e paar
Träne dozulosse. Ich nemm se met.
Unn bei demm Gedanke
bin ich schon widder
e Schritt wieder weg.
Ich weeß,
dass wenn de schwätze könnscht,
mir recht noch gäbscht …

Adieu! Ruft's in mir drinn.
Adieu!
Was war ich stolz,
wenn die Leit gesaad hann,
iss *das* e scheener Kerl.
Das war heit
unser letschter Gang …
Du *dort*hin unn ich bleib do.

Meine Damen und Herren, ich danke Ihnen.

INHALT

3. Auflage 2016

Umschlaggestaltung: Tina Dudenhöffer
Herstellung: Das Herstellungsbüro, Hamburg
Druck und Bindung: Gutenberg Beuys Feindruckerei,
Langenhagen
Printed in Germany

ISBN 978-3-00-043412-9

www.gerd-dudenhoeffer.de